DISCOURS

PRONONCÉ PAR M. BLONDEAU,

DANS LA SÉANCE QUI A EU LIEU LE 26 AVRIL 1843,

A l'occasion de la distribution des prix

AUX ÉLÈVES DE LA FACULTÉ DE DROIT DE PARIS.

1843

DISCOURS

PRONONCÉ PAR M. BLONDEAU.

Messieurs,

En voyant cette réunion de magistrats, de hauts fonctionnaires de l'ordre administratif et d'avocats distingués, qui ont bien voulu répondre à notre appel, je me fais un devoir d'ouvrir cette séance par l'expression des remercîments de la Faculté pour ce témoignage d'intérêt accordé à ses travaux, témoignage si honorable pour elle et si flatteur pour ses élèves.

L'un de mes collègues, M. Bonnier, va tout-à-l'heure vous entretenir de ce qui fait l'objet principal de cette solennité; il vous rendra compte des divers concours ouverts entre nos élèves pendant l'année 1842.

Je dois auparavant, en vertu d'un règlement du 8 septembre 1840, appeler l'attention du public sur la situation de la Faculté, sur les pertes qu'elle a faites, sur les mouvements opérés dans le nombre de ses élèves et dans celui des réceptions, et sur le mérite des épreuves subies devant elle pour l'obtention des grades.

Peu de mots suffiront pour remplir cette tâche.

Mais, après avoir satisfait au vœu du règlement, je demanderai la permission de retarder de quelques instants l'ovation de nos lauréats, pour offrir à tous ceux de nos élèves qui, parvenus au grade de docteur ou de licencié, vont désormais marcher seuls dans le champ de la science des lois, quelques conseils sur leurs travaux ultérieurs, soit qu'ils se trouvent appelés à résoudre, comme juges, les questions juridiques, ou à les débattre comme avocats, soit qu'ils aient l'intention de se livrer à l'enseignement, ou de publier des ouvrages pour éclaircir l'obscurité de nos codes.

La Faculté a perdu, cette année, deux de ses professeurs : M. de Gérando et M. Poncelet.

Vous connaissez tous, Messieurs, les services rendus par M. de Gérando à la science du droit administratif ; ses *Institutes de droit administratif français* sont le premier ouvrage systématique, de quelque étendue, sur l'ensemble de notre droit public. —Les travaux philosophiques de M. de Gérando ont été rappelés sur sa tombe et appréciés par des hommes plus versés que moi dans les études spéciales auxquelles ces travaux se rapportent; et la douleur causée par sa mort a eu pour interprètes des voix éloquentes auxquelles ma faible voix ne vient se joindre que pour exprimer ce que j'ai dû personnellement à cet illustre collègue. C'est M. de Gérando qui a guidé mes premiers pas dans l'étude de la philosophie ; c'est lui qui m'a procuré l'insigne avantage d'être admis aux savantes réunions où, pendant les années qui précédèrent la restauration, les Maine-Biran, les Ampère, les Frédéric Cuvier, préludaient à la lutte qui s'engagea bientôt après entre les doctrines de Condillac et le spiritualisme allemand.

Une mort prématurée nous a enlevé M. Poncelet au moment où il s'occupait de mettre en ordre de nombreux matériaux relatifs à l'histoire du droit français. L'ouvrage qu'il préparait pour être livré au public aurait, j'aime à le croire, justifié les espérances qu'avaient conçues de lui ceux qui, comme moi, l'ont connu à l'époque du concours de 1826. C'est sur cet ouvrage, s'il est un jour publié, qu'il faudra juger notre collègue, et non sur quelques publications auxquelles il a pris peu de part, quoi-qu'il ait consenti, trop légèrement peut-être, à y attacher son nom. La connaissance de la langue anglaise, et surtout celle de la langue allemande aujourd'hui si fertile en ouvrages de droit, avaient facilité à M. Poncelet une étude qu'il affectionnait par-ticulièrement, celle de la *bibliographie juridique.* Personne n'était plus en état que lui de donner à ceux qui se proposent de traiter une matière spéciale du droit l'indication des monogra-phies concernant cette matière. Ajoutons que personne ne met-tait plus obligeamment sa bibliothèque à la disposition, non-seu-lement de ses amis ou de ses confrères, mais aussi des jeunes gens studieux qui fréquentaient son cours.

Le nombre de nos élèves a subi une nouvelle diminution : le chiffre des inscriptions prises en novembre 1842 ne s'est élevé qu'à 2,772, ce qui fait 100 de moins qu'en novembre 1841. Mais nous devons faire remarquer qu'au trimestre de janvier de la présente année, nous avons eu 78 premières inscriptions, tan-dis qu'à la même époque de l'année dernière, le nombre des pre-mières inscriptions ne s'est élevé qu'à 57.

Pendant le cours de l'année scolaire 1841-1842, nous avons reçu 36 docteurs, 480 licenciés et 693 bacheliers ; nous avons, en outre, délivré 43 certificats de capacité. Si nous recherchons quelle est, relativement au nombre des réceptions, la différence entre cette année et l'année précédente, nous voyons que cette différence est presque nulle quant aux grades de docteur et de bachelier et quant aux certificats de capacité: mais qu'elle est fort considérable quant à la licence : en effet, le nombre des licenciés s'est élevé, en 1840-1841, à un septième de plus que l'année dernière.

Six ajournements ont été prononcés à la dernière épreuve de doctorat, 73 à la thèse de licence et 25 à l'examen unique en vertu duquel on obtient le certificat de capacité.

Sur 1,908 examens de baccalauréat, il y a eu 543 ajournements ; 1,312 examens de licence ont amené 303 ajournements, et nous avons eu 37 ajournements sur 132 examens de doctorat. — L'année dernière a offert absolument le même nombre d'examens de doctorat ; et le nombre des ajournements à ces examens a été aussi le même, à un seul près.

Tous les cours ont été faits avec le zèle que la Faculté apporte constamment dans l'accomplissement de ses devoirs. Si le cours d'*histoire du droit* a été suspendu pendant quelques semaines par la maladie de M. Poncelet, c'est que la nature de ce cours permet difficilement un remplacement immédiat et limité à un petit nombre de leçons.

M. Macarel a occupé la chaire de *droit administratif* depuis l'ouverture de l'année scolaire.

A partir du trimestre qui vient de commencer, l'*histoire du droit* est enseignée par M. Ferry.

M. Bonnier fait cette année un cours complémentaire sur les *principes généraux du droit romain et du droit français comparés;* et M. Roustain continue son cours, également complémentaire, sur les *origines du droit français en matière de propriété.*

Notre enseignement, considéré dans son ensemble, a été l'objet de nouvelles critiques.

De même qu'à toutes les époques antérieures, les reproches qu'on nous a adressés ont été contradictoires :

D'un côté, on a prétendu que nous donnions trop à l'histoire du droit et à ses théories ; de l'autre côté, on nous a accusés de négliger les études historiques et philosophiques.

Les concours de cette année fourniront au professeur chargé de vous en exposer les résultats l'occasion d'expliquer quelle doit être la part de l'histoire dans les études juridiques, et prouveront que la Faculté sait inspirer à ses élèves le goût des recherches historiques, sans détriment pour l'étude des textes en vigueur.

Mon jeune et savant collègue répondra, en même temps, aux personnes qui trouvent trop forte la part que nous faisons à la philosophie.

Ma tâche se bornera à quelques explications offertes à celles qui voudraient, au contraire, nous engager plus avant dans les spéculations métaphysiques.

Suivant ces personnes, « *Pour les jurisconsultes, la loi posi-* » *tive est tout, la loi naturelle n'est qu'un préjugé ; et ceux* » *qui devraient enseigner le droit se réduisent à soutenir que* » *le droit n'est rien, ou qu'il n'y a pas d'autre droit que la* » *force.* »

Gardons-nous, Messieurs, de confondre ce qui est du domaine de la philosophie avec ce qui appartient à la jurisprudence.

L'objet de la jurisprudence, c'est la connaissance et l'application des règles dont les pouvoirs politiques, établis chez les diffé-rents peuples, assurent l'accomplissement, en employant, au be-soin, la force publique contre les réfractaires.

Indépendamment des vérités ontologiques et psychologiques que la philosophie a mission de reconnaître, indépendamment des principes de logique qu'elle élabore au profit de toutes les scien-ces, elle fait sortir de l'étude approfondie de nos facultés un se-cond genre de règles pour la conduite humaine.

Des philosophes ont cru pouvoir appliquer à ces régles le mot *loi,* qui, selon toute apparence, ne signifiait, dans l'origine, que les règles émanées des pouvoirs politiques ; les mots *droit* et *obligation* ont suivi la condition du mot *loi.*

Quelques jurisconsultes ont vu des inconvénients dans cette extension des mots techniques qui expriment les notions fondamentales de la jurisprudence, et ils se sont élevés contre les expressions : *loi naturelle, droit naturel, obligation naturelle,* non pas en les accusant d'être vides de sens, mais en leur reprochant d'être l'occasion d'un sophisme, trop fréquent dans presque toutes les sciences, et qui consiste en ce que, sans autre raison que la *communauté de nom,* on applique à une chose ce qui est établi pour une autre.

Ces jurisconsultes n'ont jamais prétendu qu'il n'existât, en dehors des lois positives, aucune règle de conduite humaine.

Il n'y aurait donc entre eux et les partisans du *droit naturel* qu'une simple question de mot, si ces derniers ne se laissaient pas entraîner et ne cherchaient pas à entraîner les autres par le sophisme dont je viens de parler, c'est-à-dire, s'ils n'avaient pas la prétention d'obtenir, pour ce qu'ils appellent la *loi naturelle,* la même obéissance qu'on accorde à la loi positive chez tous les peuples civilisés.

Quelques-uns vont même plus loin :

« Si une loi humaine, dit l'un d'eux, nous ordonne une chose » défendue par la loi naturelle, nous sommes tenus de transgresser » cette loi humaine. »

Il est évident qu'une telle prétention tend à substituer la raison individuelle, avec toutes ses variations, avec toutes ses incertitudes, à la raison commune, au sens commun, dont les législateurs de chaque État ne sont que les interprètes.

Si le *droit naturel* ainsi compris est ce qu'on voudrait nous

faire accepter comme un bienfait de la philosophie, nous conti-
nuerons à refuser ce funeste présent, et nous croirons devoir nous
défendre contre les envahissements d'une doctrine qui nous paraît
destructive, non pas seulement de toute science juridique, mais
de toute organisation sociale.

Que les philosophes se contentent de recommander l'étude
des facultés humaines, au législateur, comme devant offrir une
base à ses prescriptions, et, au jurisconsulte, comme moyen
de perfectionner les théories de l'*interprétation des lois et
des actes privés*, de la *preuve des évènements légaux* et
de l'*imputabilité des actions humaines*; qu'ils nous aident
à éviter les faux raisonnements, et nous apprennent à améliorer
nos classifications et notre nomenclature; alors, Messieurs, il
n'est aucun de nous qui ne s'empresse de reconnaître la salutaire
influence des études philosophiques sur la science du droit.

Depuis longtemps je me suis plu à donner, à cet égard, l'exemple à nos jeunes docteurs. En 1840, dans une solennité analogue
à celle d'aujourd'hui, j'invoquais le secours de la philosophie,
pour mettre en évidence les fausses sources auxquelles on va si
souvent puiser les décisions juridiques. Je vais encore avoir re-
cours à la philosophie, pour indiquer les principaux sophismes
par lesquels, sans méconnaître la vraie source de ces décisions, on
peut, à chaque instant, se laisser entraîner loin d'elle.

Je parlerai d'abord du sophisme qu'on appelle la *pétition
de principe*; c'est peut-être celui qui vicie le plus souvent les
décisions juridiques.

Au lieu de remonter à l'intention du législateur, on invoque
comme évidente, ou comme démontrée, une proposition qui aurait autant besoin de démonstration que la décision qu'on veut

prouver, et l'on se contente de faire voir que celle-ci est conte-
nue dans l'autre; on obtient ainsi l'apparence d'un syllogisme,
et les esprits paresseux n'en demandent pas davantage.

Quelquefois la proposition invoquée n'est absolument qu'une
traduction de celle qu'il s'agit de justifier; ainsi, par exemple, si
l'on veut établir que *la femme étrangère jouit de l'hypothèque légale sur les immeubles de son mari situés en France,*
ou bien que *le père étranger a l'usufruit légal des immeubles
de ses enfants également situés en France, lors même que la
femme*, ou bien *le père, dont il s'agit, appartient à une na-
tion où ces institutions n'existent pas*, on se contentera de
dire : *L'hypothèque légale*, ou bien *l'usufruit légal, est de*
STATUT RÉEL; ce qui laisse à démontrer précisément tout ce qui
était en question; car l'expression STATUT RÉEL ne réveille d'autre
idée, dans la plupart des esprits, que celle d'une disposition
applicable aux étrangers comme aux sujets naturels de l'État.

Mais, ordinairement, la proposition invoquée est plus générale
que la proposition qu'on veut justifier, et alors le sophisme a
quelque chose de plus spécieux, parce qu'il ressemble davantage
à un véritable syllogisme.

Voici un exemple de cette variété de la *pétition de principe.*

Pour justifier cette proposition : *Nos lois concernant les
effets du mariage sont applicables aux étrangers qui rési-
dent en France,* on pose cette règle : *Toutes les fois qu'une
loi est d'ordre public, elle est applicable à tous ceux qui ha-
bitent le territoire.* Mais, cette seconde proposition n'étant pas
plus démontrée que la première, il est évident que, quelque in-
contestable que soit cette troisième proposition : *Le mariage est
d'ordre public*, par laquelle on réunit les deux autres, on n'a

pas fait, en construisant ce raisonnement, un seul pas vers le but
qu'il s'agissait d'atteindre.

Le sophisme auquel la *Logique de Port-Royal* donne le nom
d'*induction défectueuse*, et qui serait peut-être mieux appelé
la *généralisation précipitée*, ne diffère de celui dont il vient
d'être parlé, qu'en ce que, dans le cas de cette seconde espèce de
pétition de principe, on invoque une proposition plus ou moins
générale, sans avoir vérifié aucune des propositions particu-
lières qu'elle renferme ; au lieu que, dans la *généralisation précipitée*, le vice du raisonnement consiste en ce que l'on croit trop
tôt avoir vérifié tout le contenu de la proposition générale.

Ainsi, ayant remarqué : d'abord, que la prescription ne court
pas contre les interdits, en second lieu, qu'elle ne court pas non
plus contre les mineurs, on se hâte d'établir cette règle générale : *La prescription ne court pas contre celui qui ne peut
pas agir* (CONTRA NON VALENTEM AGERE NON CURRIT PRÆSCRIPTIO),
d'où l'on tire ensuite cette conséquence : *La prescription
ne court pas contre les absents*, sans s'inquièter de savoir si le
législateur n'a pas pu trouver convenable de mieux traiter les
mineurs et les interdits, dont l'incapacité est toujours indépen-
dante de leur volonté, que les absents, dont l'incapacité est souvent volontaire, en ce sens qu'ils ont été maîtres de ne pas
s'absenter.

La *généralisation précipitée* ne conduit pas toujours à un
résultat contraire à celui qu'on aurait pu obtenir en remontant à
la volonté du législateur ; mais c'est assez qu'elle puisse éloigner
de cette volonté, pour qu'il faille s'en défier.

Un troisième sophisme, qu'on peut appeler l'*assimilation
hasardée*, consiste en ce que, deux circonstances sociales ayant

été plusieurs fois l'objet de dispositions législatives tout-à-fait semblables, on en conclut que tout ce qui est établi pour l'une est applicable à l'autre.

Ainsi, l'hypothèque donnée par un tiers ressemblant au cautionnement : 1° en ce que le détenteur de l'hypothèque et la caution sont également tenus de la dette d'autrui ; 2° en ce que l'un et l'autre peuvent, dans certains cas, opposer le bénéfice de discussion, on en a conclu que le même droit d'enregistrement est exigible sur la constitution d'hypothèque et sur le contrat de cautionnement, quoique l'une de ces conventions établisse (au moins à l'aide de la publicité) un *démembrement du droit de propriété*, tandis que l'autre crée simplement un *droit relatif*, une *obligation*.

Je trouve une quatrième espèce de sophisme dans l'*abus des métaphores*.

Par exemple, après avoir appelé *mort civile* un certain état, dans lequel une personne est privée de la plupart des droits dont jouissent ceux qui ont la qualité de Français, on décide que la personne dont il s'agit peut être représentée dans une succession, attendu qu'elle est *morte*.

Notre législateur lui-même a été dupe de ce sophisme : en effet, s'il n'avait pas appelé *mort civile* l'état des individus qui ont encouru certaines peines, aurait-il imaginé d'accorder aux enfants d'un scélérat, d'un parricide même, une faveur qu'il refuse à celui qui est devenu indigne de succéder, à raison d'un fait, sans doute très répréhensible, mais qui a cependant été jugé bien moins criminel que ceux qui entraînent la *mort civile*.

Il me reste à parler d'un autre sophisme du même genre, dont le fond est une *expression équivoque* :

Le législateur ayant employé un mot qui offre plusieurs acceptions, on applique à l'une des choses que ce mot signifie ce que
le législateur a entendu décider de l'autre.

Je prendrai pour exemple le raisonnement suivant, auquel
donne lieu la pluralité d'acceptions du mot *titre* qui, entre autres
choses, signifie, tantôt un *écrit probatoire*, tantôt une *source
du droit relatif* (1).

« Pour prescrire par dix ou vingt ans, il faut un juste *titre*;
» donc celui qui a acheté, sans en faire un *écrit* (public ou privé),
» un immeuble qui n'appartient pas à son vendeur, ne pourra
» pas devenir propriétaire de cet immeuble par la prescription
» de dix ou vingt ans. »

Il fallait dire :

« Donc celui dont la possession n'a pas pour principe un *droit*
» *relatif* ne pourra pas devenir propriétaire par la prescription
» de dix ou vingt ans. »

Comprendrai-je sous la dénomination de *sophismes* ces affir-
mations vagues : *Les principes le veulent ainsi*, *Tel est le
vœu de la raison éternelle*, etc., et les qualifications injurieuses qu'on applique à l'opinion contraire à celle qu'on soutient :
Cela est absurde, *Cela est contraire au bon sens*, etc. ?

Il me semble que les unes et les autres sont plutôt des *fins
de non-recevoir* contre tout raisonnement, que des espèces parti-
culières de paralogismes.

Au reste, à ceux qui invoquent vaguement les *principes* ou
la *raison*, au lieu de faire découler ce qu'ils affirment d'un texte
de loi, je dirai que cette manière d'argumenter n'est qu'un

---

(1) Le mot *titre* signifie aussi une *manière d'acquérir la propriété*. Bentham dit
quelque part que ce mot est un insigne *faux-fuyant*.

aveu d'ignorance : celui qui l'emploie a une idée confuse d'un texte favorable à l'opinion qu'il soutient, mais, comme il ne parvient pas à dégager cette idée, il fait humblement appel à la science de son adversaire.

Quant aux *qualifications injurieuses*, je me bornerai à dire que souvent elles sont pis qu'un mauvais raisonnement: elles deviennent une mauvaise action toutes les fois qu'elles ont pour but d'appeler la haine ou le mépris sur l'adversaire contre qui l'on argumente.

Je m'arrête, Messieurs, non que je croie avoir épuisé la série des faux raisonnements qui peuvent égarer le jurisconsulte, mais j'ai lieu de craindre qu'un sujet aussi abstrait n'ait déjà fatigué l'attention de mon auditoire.

Qu'il me soit cependant permis d'ajouter quelques mots :

En traitant des sophismes juridiques dans une séance principalement consacrée à l'appréciation des travaux du concours, je n'ai pas eu, Messieurs, l'intention de faire une critique indirecte des mémoires de nos jeunes concurrents, bien loin de là ; les faux raisonnements que je viens de signaler me paraissent, au contraire, moins fréquents dans ces mémoires que dans plus d'un ouvrage jouissant d'une certaine célébrité.

Quoi qu'il en soit, je soumets cet essai, bien incomplet, de logique judiciaire aux méditations de nos docteurs, et notamment de ceux qui se proposent de traiter la question choisie pour sujet du concours de 1843.

Cette question est ainsi conçue :

« *Entre quelles personnes a lieu l'autorité de la chose jugée, tant en droit romain qu'en droit français ?* »

Paris. — Imprimerie de Cosson, rue Saint-Germain-des-Prés, 9.